QUAN ET MIRO FIXAMENT, ET PARLO DE MI PERQUÈ T'HI VEGIS TU I DECIDEIXIS AIXÒ QUE T'ESTIMULA TANT ARA MATEIX I JO NO EN TINC PAJOLERA IDEA DE QUÈ ÉS.

Al qui em llegeix, en reconeixement retroactivat

Pbm despatx Valls ifdi 11:23 divendres 31 juliol 2015 anD amb els drets.

per a usuari

FILOSOFIA DEL VERTIGEN

Per una senzilla analogia la tardana antiguitat arcaica va descobrir, fa mes de mil cinc cents anys, que l,invent de la televisió era qüestió de temps. No fos només capaç d,imaginar el qui argumenta, sino, sobretot, hàbil per visualitzar mentalment allò que pertany al possible, senzillament, l,existència del papir, la variació del format de rotlle a quadern, i la mateixa fixació de coneixement exercida per l,escriptura, ja indicaven, des d,ençà dels seus inicis, molt clarament, i havia d,aparèixer aixis en els somnis d,aquella gent, el registre de veu, el registre de llum, el registre d,imatge en moviment.

Tan solsament els factors del gran poder de fa just cent vint anys haguessin arribat a poder tenir aquest fet exacte en compte, la sang del segle passat i l,excedent de població que en resulta (com a problema d,abastiment, i no pas com a problema existencial per si) ras i curt no s,haurien prodigat, ni de manera tan funesta ni de cap altra: el manual de maneig del cinema es resultat acordat i directe del manual de maneig del llibre enquadernat.

La Meca de Hollywood, un cop establerta com a tal, no sense haver practicat les trampes mes indignada ment infames i secretes per al eternitat, resolia el problema oferint versions luteranitzades de les fonts teatrals d,on realment bevia sempre el magnífic nosferatu, el vampir del cel.luloide.

La vida teatral era cabdal com a font de feedback i de control previ. I calia contrastar-la amb efectes de tragèdia verídica i històrica. El segle passat va practicar un desitjadissim retorn a actituds i edats prehistòriques, va promulgar com a base del joc la guerra de sexes, i va oferir butlla i salconduit totalment alliberador al sentit del vertigen, tot propiciat així l,avenç en les tecnologies del carnatge animal i humà.

Civilitzadament avui se,l pot anomenar, ras i curt, el segle de Tersites, el segle on l,aparença del pitjor instint triomfa de tot.

Tersites apareix com a personatge a Homer. Sodoma apareix com a ciutat a la Bíblia. Aixo vol dir, ras i curt, que des del punt de vista del poeta, el pitjor te un lloc d,honor al banquet, i, des del punt de vista del rabí, el pitjor te un lloc d,honor a la Veritat. Tot se salva.

Paradoxalment a les seves ràtzies ultra destructores, el segle XX ha fet totes les rases, va llavorar tots els conreus, va femar tots els horts per tal que, un cop desparada la taula i cremada Troia en sal, els fruits que se n,esdevenen precisament per a tu i per a mi, ara mateix, i des d,ara mateix que ho mirem junts, a dos temps agradant-nos de l,inconfusible bes literari de Bielsa, nomenat latin lover pel seu primer lector serios, Màrius de nom, al qui plau el pernil i calan Blanes a Menorca, indiquen la suavitat en tots els nostres quefers.

Cal tenir molt en compte i no perdre gens de vista el fet incontestable que els rectors del segle passat desitjaven venjar-se desmesuradament dels seus propis descendents, tot amenaçant-los amb no arribar a veure mai l,entrada a l,any dos mil. A tals efectes, el primer artefacte de llarga durada que inventaren els matemàtics, fou la famosa aporia que resolia que el segle no comença, en realitat, fins que s,arriba a l,estúpida, aigualida, in substanciosa, i avinagrada data del primer de gener de mil nou cents u. El poeta Baldo Pie, en tertúlia Graciosa amb col.legues va decidir contestar a l,alegria de Jaume Cubells Sanahuja, mestre de mestres, al dir i exclamar: doncs ja hi som! Nascuts tots abans del trenta i hi estem arribant! Us ho pensàveu, que hi arribaríem de debò? Aleshores Pie, al pur estil de les artimanyes llatinoamericanes mes hilarants, fa, OH, QUINA TONTERIA, NO M,HO HE PREGUNTAT MAI! El poeta Baldomero Pie va morir el 28/12/1.999 l,Esglesia Catòlica en

Ple li dedica la missa mes fastuosa i secreta.

En efecte, la infinible cadena d,atrocitats i l,aparença de la cara trista i severa, amb el gran master de David Copperfield sota el braç, no es pot anomenar de altra manera que els Grans i Fastuosos CARNIBALS de la Sencera Humanitat.

Com foren acuradament preparats, com se,ls posa el dent de cianur, com es propaga el virus, com el mon no en va fer ni cas, i de fet, cada cop que s,adonava d,una atrocitat encara mes increïble que l,anterior, l,únic que feia era contestar amb el prototip de YOUR POPPA DONT MIND de Davies i Hodgson, i per dins estar molt alegre. EL MERAVELLÓS SEGLE VINTÈ FOU LA INFÀNCIA POLIMORFA I REPETIDA DELS AVIS.

La veritable crida a l,eixam de vespes assassines fou el carnatge de Barcelona, el primer el 1.907 i el segon poc abans de la guerra civil. Estassar homes purs i dirigir correctament els efectes directes i indirectes del crim, desferma en la societat global, si, ja global, la rabior i bogeria de maldat suprema. L,explicació es molt senzilla: els materials consagrats que son objecte de robatori, si se'n fa la trivialització en forma de plusvàlues dirigides a ments aburgesades, produeixen actituds en bloc llargament destructives.

La consigna secreta del joc increïble que van inventar els nostres avis es pot garbellar en els termes mes justos i exactes dels quals l,enteniment em capacita, així:

QUE NO PRENGUI MAL NINGÚ, PERÒ, D,ALTRA BANDA, DAVANT QUALSEVOL, SIGUI QUINA SIGUI LA SEVA FILIACIO, CARRERA, HONORS, HISTORIA, QUE DEMANI

PROVA DE FE, SIGUI REALMENT SERVIT AMB PLENA ABUNDÀNCIA DE RECURSOS MATERIALS I HUMANS.

L,increïble ritual que va posar en marxa l,hereu de Wilde, tenia el fi conscient i decidit de la concòrdia universal i l,alleujament del sofriment. Que davant el mes ínfim dubte el general tingues ordre d,afusellar deu mil gulags i complís, realment complís, era part necessària i imprescindible perquè el missatge pacifista i alliberador arribes de debò a totes les entranyes de les persones i del mon.

Xenius era un mascle Alpha al qual la màfia burgesa catalana, cambo i Prat de la Riba, no el van deixar pixar a gust.

Va anar a Madrid i va inventar la pitjor tortura per als seus enemics personals: el flagell de una guerra, aprofitant que Negrín era subnormal i que a Europa hi havia idees molt boniques i info amables.

Xenius va posar Franco i aparentment va prohibir la cultura catalana, tot i que de fet feia tot el contrari. Va posar morterades de cales en la Bernat metge i alhora va escanyar les lletres hispàniques CASTRAR, o sigui, exiliant juan Ramon Jiménez que es va veure obligat a la composició compulsiva sense que ningú se n,adones, i lloant sobre manera i creant càtedres cervantistes de BLECUAS SUBNORMALS QUE ENCARNAVEN LA MATEIXA BOGERIA DEL QUIXOT.

Sota la morada autoritat de Franco, Xenius va exterminar les lletres hispàniques fent brillar idiotes del caire de Rafael Alberto. Cela i altres i creant l,escarni del premi planeta.

Xenius era una gran polla apoteòsica i apotropaica a favor de tot català que el sàpigues entendre.

La història, etsiuts, no té desperdici:

John Mc. Glinn tenia perfecte coneixement en vida de les biografies que li havien preparat els seus estimats "detractors" que, volgudament, havien fet brillar en el seu currículum les obres més de joventut, i havien posat ombra sobre l'etapa de maduresa.

Quan va morir, la prestigiosíssima revista de musicals de Broadway a l'ús, va esmentar que havia començat la seua carrera dirigint el musical *No, No, Nanette*, de Vincent Youmans.

Els fans de Mc. Glinn de tot el món, només llegir aquesta nota, vam remopure cel i terra per trobar la gravació de *No, No, Nanette* per John Mc. Glinn.

El seu segell discogràfic havia tret l'obra completa del mestre, i *No, No, Nanette* no hi era.

La revista va haver de rectificar, mesos més tard.

Cap al bell mig dels cinquanta nasqué un America de cuidado.

John Mc. Glinn va ser autodidacte del piano i de la direcció orquestral, un Mialet, vaja, en tota regla.

Va aprendre l,art musical de manera tan extremament fina, que els seus recordings de musicals son encara referents de cinc estrelles.

Es va donar a la gravació compulsiva: desitjava gravar l,obra completa de Porter (encara, avui dia, prohibida entre les prohibides) i la de Jerome Kern entre d,altres.

Donades les intrincadissimes dificultats que aviat va provocar, ens en resta un breu testimoni de les obertures de Wagner, pertinents al temps que recercava les causes del seu geni, de la seus dissort. Wagner en Mc. Glinn equival a introspecció, a mantra, i esta a la venda en una sèrie tirada de preu, apareix a totes les botigues de aeroports i estacions de metro de Londres i Barcelona, com a mínim.

La pedra angular de la seus "maledicció" va ser la troballa casual d,unes partitures orquestrals de musicals en una casa de estiueig.

Mc. Glinn va oferir les músiques oblidades de feia només quaranta anys amb renovellada veracitat.

La culpa de la des figuració de Broadway la tenen les versions negres, of course.

El fet es realment tan increïble, que ara, sis anys després de la mort del mestre Mc. Glinn, la biblioteca del congrés estadounidenc ha emès gravacions d,altíssima qualitat dels musicals que Mc. Glinn recupera e digital, gravades in situ, als teatres, en vida de Gershwin, en plena vigència de les estrenes.

La coincidència absoluta i total entre l,estil de direcció de Mc. Glinn a partir de partitures i amb el suport de gravacions contaminades de soroll de fons de granotes, escadusseres, d,una banda, i de l,altra, el testimoni del llegat de la biblioteca del congrés, esdevé, de manera al.lucinant, *verum de Vero.*

John Mc.glinn va morir prohibit, trist, sense conèixer de quin gran deu havia pogut aixecar les ires.

Era un veritable filantrop de fons, i sense recursos materials que no fossin el seu gegantesca talent personal i professional i la capacitat de treball infinit.

Gràcies, John Mc. Glinn, per haver existit. Tu em vas fer la joventut agradosa.

Encara em recupero del coneixement atroç que tinc comprovat al detall a hores d‚ara, que els coneixedors del llati de Publi Virgili MARO avui dia viuen a la casa primaveral de Banner i Flappi.

Despullats de tota dignitat i decència humanes, veuen, en el dialeg amebeu bellíssim de la bucòlica setena, un combat de boxa entre negres.

Corido viu al bosc, Tirsis a vila. Tirsis pastura ovelles, i diu renecs mentre ho fa i beu melassa de grau perquè vol estar sempre al costat del Cassorla rialler i alegre a la moderna taverna amb banda musical, però necessita els diners per alegries, i ven llana als fredolics solanas com Corido, que pasta cabres salvatges i del qual lLA llet fresca criada en llibertat es la mes valorada a les Torrades abans de l,aiguamel.

El prototip es l,acudit del dentista, el pacient l,agafa pels ous i li diu

Oi, doctor, que no ens farem mal?

Feu el que feu, *estimats untermenschen,* procurem no ser tan rematadament Gilipollas, per favor!

Estimada Sra.

Amb el gust que m,hauria donat els diàlegs platxeriosos que li vaig proposar, endegare aquesta carta que pretenc breu al possible i eficaç.

Noti que he passat dos cops per deliri sobtat en l,espai de tretze anys, tinc coneixement d,haver integrat en un cos doctrinal totes les contradiccions possibles de manera que no es barallen (i a aquests efectes les XXSS, oli en un llum!) de manera que, amb l,ajut del meu instint caní, conec les fonts d,on ragen i quines aigües circulen en quins molins.

Li preocupa la salut d'Israel. Jo em reconec soldat i campió d,Israel fins on el nas em porta, a l,estil, si, de David, però tingueu be en compte: tambe de Góngora, tambe de George S. Kaufman, factor el primer de les suavitats de la corona amb els conversos dels sismes catòlics de Ferran i Isabel, el segon de l,amistat estadounidenca.

Israel, hores d,ara, es el poble, nació i país que gaudeix de mes salut de tot el planeta. Li he assegurat des de la predicció *a mínimes de qualsevol brot* hostil de raça, protocols d,actuació a tots terminis que han passat totes les proves pilot, fins a la restauració dels seus bens complets identificats pel rastreig exacte que jo mateix he dissenyat, tambe testat amb èxit ampli.

Li preocupa l,Islam. Ha vist el meu post anterior dels escacs? Realment necessita que li demostri que son, en realitat, un joc de la transcendència del *marro*? La portada del single de Supertramp intitulat *You Win, I Loose* editat en honor als serveis prestats per Idries Shah, factor indiscutible de ponts occidentals, figura un cavall blanc en casella negra, representada en la negrósa nit estel.lada. Les caselles blanques son sòlides i òssies.

Amb aixo Supertramp em transmet clarament tot el coneixement dels escacs, que no te res a veure amb càlculs d,aritmètica de cap mena.

*El cavall, en casella de color contrari,
cau, en propia es manté.*

Miri s'ho be i comenci la esfilagarsada del coneixement complet que es deriva d,aquest Consell Major. Tots els constructors de doctrines complicadissimes, si les van fer ben fetes, les hi van posar una porta falsa per a la practica del personal altament qualificat, que sol ser serveis, PAS, i abastiment, amb menys freqüència llicenciats.

Comprenc l,angoixa amb que rep certes notícies molt desagradables del actualitat. No em vulgui mes explícit, sisplau, comenci a entendre que el xoc de civilitzacions esta completament resolt, i el mon esta en plena fase d'aliança de civilitzacions..

Els espectacles macabres que contempla cada dia no son altra cosa que expressions territorials, expressions territorials, si, en un mon que li toca abastir de aliment sostre calçat roba i si pot ser dignitat laboral a set mil milions de persones de ple dret en un dia, cada dia, tots els dies.

Visualitzi, sisplau, el doble color, i faci viatges mentals del un al altre. Pari de sentirse blanc, potser s,adoni un dia que els blancs del terrorisme acabem sent sempre el personal PAS.

Entén? Avui desmantellaren la meva nevera. Aquesta tenia un protocol que si li ordenava directament MORT em posava uns jeroglífics que si no responia al punt emetia gas nerviós per casa meva. Al llarg dels tres darrers anys que Catalunya dubtava el desastre, he activat tres cops el protocol MORT i he hagut de passar el meu examen exigent i simbòlic.

El proper protocol que poso en marxa es el del incendi sobtat i total cremació de la meva biblioteca particular en cas de no succeir els intents a mig i llarg termini.

Em prenc molt en serio el fet literal que vostè i Catalunya tinguin el millor pa de blat a taula cada dia. Serveixo el lema de la Unitat, i la proveeixi, aquesta es la meva funció. Tinc idea encara de llargs anys de millora. No passi ànsia, sisplau, responc de vostè. Atentament,

La bucòlica setena de Virgili explícita el misteri de l,èxit total. Allà on el 2 i el 1 son la mateixa cosa.

L,últim vers aclareix sense lloc a dubte que la victòria en la contenta se l,emporta Tirsis (per algo Teocrit el va nomenar POEMA! Al primer ídol.li). Repeteix el nom de Corido tot indicant que per a ell es el segon lloc i la consolació de ser tingut per tot un noble senyor Cortés.

L‚inexpert, Tirsis, amb gran desig d‚or i llorer, exemplifica la virtut epicuria del veritable gust, i les promeses que fa sap que les pot complir al llarg de la vida (AUREUS ESTO) amb l‚ajut de Júpiter, que sovint porta 300 mines als piadosos, com Anacreont dubtava.

Corido posa el darrer obstacle a la glòria de Tirsis, invoca ni fes, divinitats menors, per de notar el pecat infantil de corneli gal de no sotmetre's davant l‚autoritat, l‚esperit lliure del poeta davant el qual s‚alça el chor de febos en massa (bucòlica sisena).

En efecte, la bucòlica sisena es la temptació de gal per la vida al bosc, o sigui, per mantenir-se en l,anonimat. Però el seu amor el porta a significar se públicament com a general de cuido. Corido, en efecte, personifica la vida al bosc amb la seva masturbació per ALEXAS el bell a la bucòlica segona.

Virgili estimava gal. Entre tots dos es van menjar el pastís de la Roma d'entre guerres. August VS pagar car importunar corneli, doncs Marcel se li va matar als tretze anys d'edat, i Virgili va fixar el dolor amb tretze versos, càstig exemplar al dictador imprudent, i va ser saldat amb 13 monedes d'or. La culpa va ser llistes da així.

A l'hora que em proposo basttir una narració completa feta a partir de cançons, simples cançons que tinc a la bibilioteca de l'Ipod, puc començar amb un símbol i desarrollar-lo per després encloure'l en uns límits.

Per a mi, sempre és el mateix. Vejam l'exemple:

1. *Una Furtiva Lagrima* (Donizetti, l'Elisir d'Amore)

2. *No Tears* (Blunt, Some Kind of Trouble)

3. *Mother Nature* (Koko Taylor, Nature)

4. *Tears and Rain* (James Blunt, Back To Bedlam)

5. *Earthquake And Hurricane* (Dixon, Ginger Ale Afternoon)

6. *If Everyone Was Listening* (Supertramp, Crime Of The Century)

7. *Sal Tlay Ka Siti* (The Book OF Mormon, musical)

Això sol ja és un curt en si mateix, de manera que tota la lletra i tota la música combinades concorden a la perfecció en ares de fer un conte simbòlic, o, simplement, un conte.

en 1 s'escapa una llàgrima per una bella galta, en 2 es neguen les llàgrimes, en 3 Mare Natura avisa que no es poden prohibir els fets naturals, les llàgrimes, en 4, es dóna pas a llàgrimes, i pluja, en 5 s'esdevénen terratrèmols i huracans, en 6 hom avisa que ja s'havia dit i que no s'havia escoltat el desastre, i en 7 es resol en la ciutat del llac salat, Utah, perquè és evident que totes les llàgrimes contenen sal.

Això és un desarroll, això és un conte, una narració completa, i així se'n fan a milers. Prova-ho, etsiuts, que veuràs que és possible. Més endavant continuaré posant patrons pel mateix canal, el blogger de google. Exclusiu per a això.

Noteu, etsiuts, que aquells que fins al moment havien intentat comparar cançons o gràfics amb intenció ja no narrativa sinó tan sols de xiste o facècia, eren titllats de paranoides, i seriosament tancats en frenopàtics.

Ha calgut un bany d'abisme ben cruel per part meva per tal de poder acabar oferint aquest fruit, certament maco, certament dolç, certament humà i de Lletres. Passeu-ho bé,

Pau.

Es veritat incontestable, com mes vaig a la vida mes segur n,estic.
L,amor entre un home i una dona, aquest, es el bo de debò.

Maleir tot allò que s,hi acosta d,alguna manera amistosa dins el possible
es certament absurd.

Mira-ho així benvolgut:

Un gai es un prototip de home que es queda content amb un model una
mica menys luxós.

A partir d,aqui, esclar que si, tens tota la llicencia de vomitar

EL GAI VA EN UN SIS-CENTS I L,HOME EN UN MERCEDES.

Ara be: has de tenir en compte:

1) En termes de plaer sexual, el gai es mes sofisticat i efectiu. En dona i
en rep mes.

2) En termes de optimització de bateria, el gai allarga molt mes.

3) En termes de aprofitament del energia, el gai obté resultats
sensiblement millors que el home.

NO SON COMPENSACIONS. Mira-ho per la paràbola següent:

El costum de sostenir el patiment crea objectes meravellosos.

Usualment, el gai es mestre del home i/o de la dona, quan

a) l,home i/o la dona li planteja un disgust terrible.

I el gai que guia de debò l,home i/o la dona, sempre que ho fa es

b) perquè aquest home i aquesta dona s,estimen de debò.

NOTA BENE: home i dona poden passar tota la vida estimant-se de debò i alhora creient que viuen un infern. L,inrevès es possible, però aleshores els amics de aquesta parella fan el possible per no haver-los de tractar, inclús si per aconseguir-ho els han de dedicar 23 de les 24 h del dia. L,hora d,esbarjo val la pena.

Usualment, l'home es mestre del gai i/o de la TORTI, quan

a) el gai i/o la TORTI presenta davant l,home un projecte immillorable.

I l,home que guia de debò el gai i/o la TORTI, sempre que ho fa es

b) perquè aquest gai i aquesta TORTI tenen chances reals d,èxit social.

NOTA BENE: gai i TORTI poden passar tota la vida fruint l,èxit social mes encomiable i alhora creient que estan completament sols i deixats. L,inrevès es possible, però aleshores els amics d,aquesta gent fan el possible per no haver-la de tractar, inclús si per aconseguir-ho li han de dedicar 23 de les 24 h del dia. L,hora d,esbarjo val la pena.

T'he de deixar, macot, perquè tinc una nova cita amb la **_Muertequetecagasdepedorrasquerosilla_** *i la he de enganyar de nou. Tu mentre no torno, recorda: ficar el culet blanc en aigües fòssils com va fer un Holandès l'any 1.992 no se li hauria acudit ni al mismíssim Llucifer. L'ESSER HUMÀ ÉS INCREIBLEMENT BONIC I DIVERTIT. Jo també.*

*